ফিরে আসা

প্রণব নন্দী

Copyright © Pronab Nandi
All Rights Reserved.

ISBN 979-888569851-1

This book has been published with all efforts taken to make the material error-free after the consent of the author. However, the author and the publisher do not assume and hereby disclaim any liability to any party for any loss, damage, or disruption caused by errors or omissions, whether such errors or omissions result from negligence, accident, or any other cause.

While every effort has been made to avoid any mistake or omission, this publication is being sold on the condition and understanding that neither the author nor the publishers or printers would be liable in any manner to any person by reason of any mistake or omission in this publication or for any action taken or omitted to be taken or advice rendered or accepted on the basis of this work. For any defect in printing or binding the publishers will be liable only to replace the defective copy by another copy of this work then available.

আমার পরম আরাধ্য স্বর্গীয় পিতা মাতা এবং যারা এতো প্রতিকূলতাময় জীবনের মধ্যেও আমার সৃষ্টিশীলতাকে বাঁচিয়ে রাখার উৎসাহ দিয়ে চলেছেন তাদের প্রত্যেককে এই বইটা অন্তর থেকে উৎসর্গ করলাম।।

বিষয়বস্তু

বিষয়বস্তু

ধন্যবাদ জ্ঞাপন

অশেষ ধন্যবাদ স্বপ্না নন্দী, সুশোভন নন্দী, তন্ময় ভট্টাচার্য ও
আরো অনেক শুভকামনার্থীদের
– সময়, পরামর্শ ও প্রযুক্তিগত সাহায্য করবার জন্য।।

ভূমিকা

জীবনে কবিতা, না কবিতায় জীবন, এই দুটো শব্দবন্ধের মধ্যে মুখোমুখি হয়েছি বা হতে হয়েছে বহুবার।

নিম্ন মধ্যবিত্ত ঘরের ছেলে আমি, অতি সাধারন ভাবেই বড় হয়েছি। স্কুলের পাঠ্য বইতে কবিতা পড়ে ভাল লাগত, পরে বুঝেছি সেই ভাললাগা আমার অজান্তেই আমাকে কবিতার প্রতি ভালোবাসায় রূপান্তরিত করেছে।

জীবন তার সহজাত নিয়মে একটা সময় আমাকে কর্মে নিয়োজিত করেছে, কর্মে যোগ দিতে বাধ্য হয়েছি বেঁচে থাকার তাগিদে। ছেলেবেলা থেকেই গানের চর্চা করেছি ও গানের তালিম নিয়েছি মানসিক ইচ্ছা ও সহজাত প্রবৃত্তির কারণে। গান অন্তর থেকে নিজেই গেয়ে উঠত বলে সমসাময়িক কারণে গানের বিভিন্ন অনুষ্ঠান, গান সম্পর্কিত কর্মকাণ্ড ও কম্পিউটার অরিয়েন্টেড কাজে নিজেকে নিয়োজিত করেছি, বুঝতে পারিনি তখনও, অবসর সময় যখন কিছু লিখতে ইচ্ছা করত বা যখন অবসর সময় পেতাম, সারাদিনের ব্যস্ত সময় শেষে, নিজের কর্মের পর বাড়ি ফিরে এসে, তখন লেখাগুলো দেখতাম, ছন্দের আকার নিয়ে কবিতায় রূপান্তরিত হয়ে যাচ্ছে... যখন লেখাগুলো পড়তে লাগলাম, বুঝতে পারলাম লেখাগুলো দেখে, আমার অজান্তেই আমার হাত থেকে আমার অন্তর্নিহিত ভাবনাগুলো এক একটা কবিতার জন্ম দিয়েছে।

বিষয়টা বুঝতে পারবার পর কবিতাগুলোকে অতি সযত্নে লালন করেছি সৃষ্টিশীলতার পরম যত্ন নিয়ে। বিষয়বস্তু ভেবে সব সময় লেখা শুরু করিনি, কিছু সময় হয়তো বিষয়বস্তু ঠিক করে লিখেছি কিন্তু বেশিরভাগ সময়ই বিষয়বস্তু তৈরি হয়েছে লিখে ফেলবার পর যখন সেই লেখা পড়েছি, দেখতে পেয়েছি জীবনের ভেতর কবিতাটা

কোথাও ছিল আবার কবিতাগুলো কোথাও জীবনের অতি গভীরে গিয়ে কিছু না বলতে পারা ভাষাগুলোকে ছন্দ ও শব্দের আকার দিয়েছে যা সচরাচর মুখেতে প্রকাশ করা যায় না, লিখেও বোঝানো যায় না বা সামাজিক সত্তায় উন্মোচন করা প্রায় অসম্ভব। বেশিরভাগ সময় দেখেছি বেশিরভাগ কবিতা তার হৃদয়ে অতিযত্নে পালন করেছে খুব যন্ত্রণা, অভিমান ও অপমানিত হওয়ার তীব্র হাহাকার! তাকে আটকে রাখার সাহস দেখানোর মত সাহস আমার ছিলনা।

আমরা সবাই একটা সামাজিক মুখোশ পড়ে থাকি। সমাজে "ভালো আছি" এই বিষয়টা প্রমাণ করবার জন্য। সামাজিকতার প্রয়োজনে বা সামাজিক হয়ে থাকার প্রয়োজনে কিন্তু আমাদের ভিতরে যে আরও একটা 'আমি'- যাকে আমরা অবচেতন জগত বলি, সেই সাবকনসাস মাইন্ড টাই আমাকে দিয়ে আমার অন্তর্নিহিত 'আমি'-র ভাষাগুলোকে কবিতায় প্রকাশ করেছে। কবিতা গুলো পড়ে relate করেছি আমার ভেতরের সেই লুকানো 'আমি'-র সাথে।

কোথাও মনে হয়েছে এটা শুধু আমি নই, আমার মতো বহু মানুষ আছেন, যাদের ভিতরেও এমন বিষয়গুলো ছটফট করে বেরিয়ে আসবার জন্য, প্রকাশিত হওয়ার জন্য, কাউকে বোঝানোর জন্য... ভাষার অভাব বোধ তৈরি করে তাদের দৈনন্দিন ব্যস্ততার তাগিদ। আর সেই বেঁচে থাকার তাগিদে তারা তাদের অবচেতন মনের কথা ভাষায় হয়তো প্রকাশ করতে পারেন না। কিছু সময় কালেভদ্রে পেলেও কিন্তু মনের কথাগুলো কে ভাষায় প্রকাশ করার মত সময়, তাদের ক্লান্ত শরীর, ক্লান্ত মন, আর ছুটে চলা জীবনে পেট ভরানোর তাগিদ দিয়ে উঠতে পারে না। আমিও তাদের থেকে ব্যতিক্রম নই, আমিও সেই একই তাগিদ নিয়ে জীবনের সাথে গাঁটছড়া বেঁধে আছি... তবুও সেই ব্যস্ত সময় থেকেই সৌভাগ্যবশত কখনো একটু সময় অতি কষ্টে যোগাড় করে এনে যখন কিছু লিখবার মত সময় পেয়েছি, কবিতা তার নিজের প্রয়োজনেই আমাকে দিয়ে

লিখিয়ে নিয়েছে আমার অবচেতনায় থাকা শব্দগুলোকে। যা লিখেছি একদম ভেতর থেকে আসা সহজাত উপলব্ধি, আমি নিজে থেকে সেই উপলব্ধির ভাষা বা শব্দ গুলোকে নিজের অতি ক্ষুদ্র জ্ঞানে কলম দিয়ে পরিমার্জিত করবার দুঃসাহস দেখাতে পারেনি কোনোদিন।

এই সহজাত সৃষ্টিগুলোকে আপনাদের কাছে পৌঁছে দিলাম। একটাই আশা, এই দুঃসহ সময় কালে, দুঃসহ মানসিক ও শারীরিক পরিস্থিতিতে অনেকেই আছেন যারা একই রকম ভাবে জড়িত আমার কবিতায় প্রকাশিত ভাষা দের আলিঙ্গনে! কোথাও কোনভাবে যদি আমার এই অতি ক্ষুদ্র চেষ্টা তাদের অবচেতন মনের সাথে যোগ সূত্র গড়ে তুলতে পারে তাহলে আমার এই অতি সামান্য চেষ্টা অত্যন্ত সার্থক হয়ে উঠবে এই আশা রাখি।।

– প্রণব নন্দী।

১. নতুন

আজ শুধুই সূর্যকে চাই,
বর্ষায় দুই হাতে বাঁচাই
ছাউনি বিহীন চোখ,
বৃষ্টি ভেজা পথের ধারে অগোছালো স্মৃতিগুলোর, সুখের বাড়ি
হোক।
ভোরের আকাশ সূর্য পেলে হারিয়ে যাওয়া যাক,
অসহ্যতাই রূপান্তরে,
দেহের ভিতর আনতে পারে সবুজের সংবাদ।
অচিন পাখি ডাকলে রাতে, ভোর বন্ধু হয়ে যাক।
কে রেখেছে দায়?
সুখ কোনদিন চিঠি দিলে, কষ্ট পড়ে থাক্ টেবিলে
বাঁচার রসদ গুছিয়ে নিয়ে জীবন চলতে থাক।।

2. শরৎ বাবু

এক আকাশ নীল আর, সাদা মেঘের সারি।
এই আকাশেই সবার প্রিয় শরৎবাবুর বাড়ি।
শরৎবাবুর উঠোন জুড়ে কাশফুলের খেলা...
শরৎবাবুর মহা আলয়, শুনবো ভোরের বেলা।
শরৎবাবুর শিউলিতলা, ফুলে ভরে আছে।
হীরের টুকরো শিশিরকণা, শরৎবাবুর ঘাসে।
পড়লো ঢাকে কাঠি এবার শরৎবাবুর ঘরে,
শরৎবাবুর দিঘী এখন, পদ্মফুলে ভরে।
শরৎবাবুর দুর্গাদালান, কুমোর কাকা কাজে,
টাটকা রঙের ঠাকুর এখন, সাজছে ডাকের সাজে।
উঠছে সেজে শারদীয়া, করছে আলোয় স্নান।
শরৎবাবুর আকাশে আজ, আগমনীর গান।।

৩. আসতেই হবে

আসছি, একটু দাড়াও...
ছড়ানো আসবাব ঘরে, আর আগোছালো তারা
কিছুটা সময় দরকার, নিজেকে সাজিয়ে নেওয়ার,
জায়গা গুছিয়ে নিয়ে উঠে দাঁড়াবার!
সাজিয়ে রাখি সব,
যদি আবার আসতে হয় ফিরে,
যদি কোনওদিন তোমাকে আবার...
ফেলে আসি ভিড়ে,
একটু দাড়াও, ঘরে
তালা দিয়ে যাই,
একটাই চাবি যার,
আজও খুঁজে যাই...
আসছি দাঁড়াও, তোমার সাথে দেখা হবে,
দিন পনেরো পরে চাঁদ তোমায় আসতেই হবে।।

4. হতে পারে

নিতে পারো আমার থেকে কোথাও বাঁচিয়ে রাখা আশা,
কোনও কোণে লুকিয়ে রাখা, বিষয়ে সর্বনাশা!
দিতে পারি নিজেকে না চেনার উপলব্ধি,
কোনোমতে বেঁচে থাকা, মৃত্যুর সীমা অবধি।
দিতে পারি, একঘেয়েমীর চরম যথার্থতা,
নিতেই পারো মানসিকতার, তীব্র অস্বচ্ছতা।
দিতে পারি বছরজোড়া কালবৈশাখী ঝড়,
কুড়িয়ে নিয়ো ঝোড়ো হাওয়ার, প্রশ্ন অবান্তর।
দিতে পারি, জমানো মেঘ, বৃষ্টি হলো না যারা,
অবদমিত দীর্ঘশ্বাস, সময় সর্বহারা!
দিতে পারি শব্দখনি, আবেগাপ্লুত ভাষা,
রূপান্তরিত শিরোনামে যা, হতে পারে ভালোবাসা।।

5. আজও

আজও যখন বিকেল শেষে, ফুরিয়ে আসে আলো...
স্মৃতির পথে তোমায় নিয়ে হাঁটতে যাব চলো।
আজও যখন আবেগ আসে, প্লাবন হয়ে ভাসে,
বোবা ব্যাথা কান্না ভুলে তোমায় ভালোবাসে।
আজও যখন লিখতে চাওয়ায়, হাতটা গেছে থেমে,
তুমি তখন বাধ্য হয়ে আসছো খাতায় নেমে।
আজও যখন শূন্য সময়, ভাবি ভীষণ একা,
স্মৃতি নিয়েও বাঁচে মানুষ, তোমার থেকেই শেখা।
আজও যখন আমার জন্য 'কেউ নেই', এই উক্তি,
তুমি কোথাও ভীষণভাবে কষ্ট পাওয়ার তৃপ্তি।
আজও যখন ক্লান্তি শেষে, একটু আরাম খুঁজি,
চোখের পাতায় আঁকড়ে তোমায়, ক্লান্ত দুচোখ বুজি।
আজও যখন সরিয়ে স্বপ্ন বাস্তববাদী হই,
রাতে হঠাৎ উঠলে জেগে, তোমাকে ভাববোই।
আজও যখন কাঁদার সময় জল আসে না চোখে,
অভিমানী বর্ষা তখন চেয়েছে তোমাকে।
আজও যখন তোমার কথা ভীষণ পরে মনে,
তুমি তখন জলের মতন আমার চোখের কোনে।
আজও যখন অলস সকাল, কুয়াশা ঘেরা ভোর,
তুমি তখন উষ্ণ আবেগ,গভীর ঘুমঘোর।
আজও যখন বিষের ব্যাথা, তিলে তিলে ক্ষয়,
বুকের ভেতর কোথাও শুধুই তোমাকে সঞ্চয়।

আজও যখন অন্য মুখে তোমার আভাস পাই,
সবকিছু শেষ জেনেও আবার তোমায় ফিরে চাই।
আজও যখন ফুরিয়ে যাওয়ার যাওয়া হলো না,
কেমন করে বলবো? তোমায় পাওয়া হলো না।।

৬. তুই আমার

তুই আমার শ্বাস-প্রশ্বাস, আমার ভালোলাগার কেউ,
তুই আবার সর্বনাশা পদ্মা নদীর ঢেউ।
তুই আমার শেষের শুরু, আবার আবেগে তে আসা,
তুই আমার ক্ষত অতীত, বিষয় সর্বনাশা।
তুই আমার সূর্য উঠা আরেক নতুন দিন,
তুই আমার গভীর অসুখ, অবস্থা সঙ্গীন।
তুই নতুন গল্প কোনও, আব্বিস গানের সুরে,
তুই আবার কষ্ট ভীষণ, কবিতার অক্ষরে।
তুই অঝোর বৃষ্টির মেঘ, স্নিগ্ধ ফরিস মন,
তুই আমার একলা দুপুর, উদাসী আলিঙ্গন।
তুই আমার জীবন যুদ্ধে, ছিনিয়ে নেওয়া জয়,
তুই হঠাৎ জিতে গিয়েও, নিরব পরাজয়।
তুই আমার মনের ভাষা উপলব্ধির ঘরে,
তুই নীরবতা আবার, অনেক কথার পরে।
তুই আমার রোজনামচা, বেঁচে থাকার বোধ,
তুই আবার বাঁচতে চাওয়ায় চরম প্রতিশোধ।
তুই আমার কয়েকটা দিন, ভীষণ সুখে থাকা,
বাকি জীবন ব্যথার ছবি, চোখের জলে আঁকা।
তুই আমার কাউকে পাওয়া, মনের মতন করে,
যত্নে গড়া ভালোবাসা, উড়িয়ে দিলি ঝড়ে।
তুই আমার প্রিয় মুখ, যা খুঁজি সবার মুখে,
তুই আমার ভুলতে চাওয়া, প্রতি পদক্ষেপে।

তুই বাধ্য করিস বাঁচতে, তোকেই মনে করে,
তুই নিশ্চিত শেষের সেদিন মৃত্যুর প্রান্তরে।।

তুই বাধ্য করিস বাঁচতে, তোকেই মনে করে,
তুই নিশ্চিত শেষের সেদিন মৃত্যুর প্রান্তরে।।

7. অর্থ

ভালোবাসা খারাপ ভাসার ঠিক উল্টো অর্থে,
ভালোবাসা বোকার মতন একদম নিঃশর্তে।
খোলা চোখেই স্বপ্ন দেখা,
বুক টা কেমন ফাঁকা ফাঁকা,
ভাবনাচিন্তা আশ্রয় নেয়, তোমার ঘূর্ণাবর্তে।
তোমার কাছেই জমা রাখা, আমার জন্মগত ভালোলাগা
আমার আমি বড্ড একা, তোমার পরিবর্তে।
হঠাৎ করেই সাদা-কালোয়, মিশিয়ে দেওয়া রং
সেই পৃথিবীই হঠাৎ ভালো, হয়েছে ভীষণ।
অলীক ফাগুন আগুন জ্বালায়, দিন হোক বা রাত্রে,
তুমি আমার বুকটা জুড়ে, হিমোগ্লোবিন হয়ে রক্তে।
অমাবস্যায় চাঁদ কে খুঁজি, মাথার ভেতর হিজিবিজি
সবেতে তোমার উপস্থিতি, বাঁচতে চাওয়ার স্বার্থে।
কেমন করে এমন হলো, স্থিতিশীলতা এলোমেলো।
পেয়েও কষ্ট, বলছি ভালো আছি শরীর স্বাস্থ্য।
আরো আছে বলতে বাকি, ভাষায় প্রকাশ দিচ্ছে ফাঁকি,
ভালোবাসার খুঁজছে মানে, জীবন প্রশ্নপত্রে।
যখন ভালোবাসা বোকার মতন, একদম নিঃশর্তে।
ভালোবাসা খারাপ ভাসার ঠিক উল্টো অর্থে।।

৪. বিশ্বাস

বিশ্বাস,
এটা শুধুই কি শব্দ? না কাঁচ? নাকি শর্ত?
যেটা ভাঙবার এত ভয়...
সামাজিকতার অন্ধগলিতে ঠিকানা হারালে হয়!
মুহূর্তরা কি মিথ্যা তবে, সময়ের চার দেওয়াল
যেটা বাইরে থেকেই ঘর, এক-পা কখনো বাইরে দিলেই
অবুঝ এ অন্তর।
শব্দ হলে, কিছু একটা ভাঙবার...
হাহাকার পাও তার?
জানো কি অপূরণীয় ক্ষতি হলো?
তোমার, আমার?
সামাজিকতাও রইল না আর, সম্পর্কের কি অধিকার
সমাজই বলতে পারে...
সবার উপরে সমাজ সত্য সমাজ তৈরি করে।।

৯. বারবধূ

রাত জাগা চোখে ছাউনি ফেলেছে,
অহেতুক প্রত্যাশা...
শূন্যতার শত চুল্লিতে পোড়ে মৃতপ্রায় ভালোবাসা।
রাত বাকি, শহরটা কি
এতই স্বার্থপর?
মৃত মনের উষ্ণ শরীরে
ধর্ষিত অন্তর।
দুই জোড়া হাত, আদিম আস্বাদ...
সাপলুডু-র অঙ্কে,
আগামীর শিশু কোপায় জঠর ব্যর্থতার আতঙ্কে।
জন্মের দ্বার,সুখসম্ভার, শারীরিক সম্পদে,
মানসিকভাবে মরছে মনন বাঁচবার প্রচ্ছদে।
শিরায় শিরায় রাত জাগে সুখ, খেলা করে ঘরজুড়ে,
সুখের চিতার আগুন কাঁদছে ছাই হওয়া অন্তরে।
জীবনের বেসে সভ্যতা এসে বিবেকে বেঁধেছে ঘর,
আরো একবার আদিমতা থাক, সভ্য হবার পর।
বিষের তরল প্রতি নিঃশ্বাসে গুলে দেয় কালশিটে,
নীরবতা পোড়ে বাঁচার আগুনে
নাব্যতা প্রতিরাতে।
ধর্ষিত হবে সারারাত জুড়ে ,সময়ের অলসতা,
তীব্র থেকে তীব্রতর হতে থাক সভ্যতা।
নিঙরাতে থাক মানবিক রস

দেহকে নিঃস্ব করে...
আরো একবার বেঁচে থাক বাচা
রোজ রাত্রে মরে।।

১০. বিরহ

বিরহ মানে?
জানতে চেওনা...
বিরহ মানে কালো,
বিরহ মানে আজ তবে থাক
বেরিয়ে পড়ি চলো।
বিরহ মানে নিরব প্রলাপ,
বিরহ মানে একা...
বিরহ মানে সুখের সেদিন
শিকেয় তুলে রাখা।
বিরহ মানে শুধুই শূন্য
অবশেষের ছাই...
ভুলগুলো সব শুধরে নিতাম
যদি আবার ফিরে পাই।।

১১. খেলনা

এখনো কি হাঁটে ফেরিওয়ালা স্বপ্নের সরু রাস্তায়?
এখনো কি আর কিনবার মতো
স্বপ্নটা হবে সস্তায়?
সস্তা বলেই দাম ছিলনা , শুধুই অবহেলায়...
গুছিয়ে রাখার থেকেও প্রিয় ছিল,
বেহিসেবি খেলায়...
খেলনা যখন টুকরো হলো, হাতটা হলো শূন্য,
দুইচোখে কে জল এনেছিল? বুঝিনি কার জন্য!
তাইতো বিকেল একলা পোড়ে,
একলা অবসর...
সব টুকরো খুঁজে পেলে সাজিয়ে নিতাম ঘর।।

১২. ছাদের সিঁড়ি

সারাদিন যাতায়াত, ছাদ থেকে ঘর,
সন্ধ্যায় ভীষণ একা বাড়ির ভিতর।
উপরে অজানা ছাদ, তাকে বেয়ে যাওয়া,
গোছানো মনের মাঝে এলোমেলো হাওয়া।
হাওয়ায় অতীত ওড়ে, বৃষ্টিতে ভেজে,
সিঁড়ি বেয়ে নেমে আসা, ফিরে যাওয়া কাজে।
মাঝ রাতে ডাকে কাছে, হাতছানি দেয়,
চুপি চুপি নিয়ে গিয়ে, আকাশ দেখায়।
ধাপে ধাপে তৈরি সে, যদি ভাবি মই,
পিছুটান ভুলতে সে বন্ধু হতোই।
তার শরীরে ধুলো, ধুলো হয় ঝড়...
সিঁড়ি ভাঙা অঙ্কের, নেই উত্তর।
পাওয়া যদি ঘর হয়, চাওয়া তবে ছাদ...
ছাদের সিঁড়ির ধাপে জমানো আঘাত।।

13. চিঠি

বিষয়টাকে লিখতে বসে
শেষ অক্ষর ছাই...
বিশাল নীল রঙের ভেতর কষ্ট বোঝাই।
শব্দ শুধুই আশ্রয় চায়
আর, নীরবতা ভাষা
সাদা পাতার লেখায় রাখা, লুকানো লালসা।
কালি যখন নীল হয়েছ বিষয়গুলো কালো...
সূর্যের খামেতে চিঠি
মেঘ করে এলো।
খোলা চিঠির ভাষা ওড়ে, জলে পোড়ে চোখ,
বিয়োগেরা সুখে থাক্,
রাতে বড় হোক্।
বেশ কিছুটা লিখে ঝাপসা সবাই...
দুচোখে বর্ষাকাল, কবিতা ভাসাই,
জবাবটা তাই আর থাকবেনা লেখা
হাজার প্রশ্ন নিয়ে,
চিঠি পড়ে থাক্ একা।।

14. লাশ ঘর

তোমাকে রেখেছি স্মৃতির, লাশকাটা ঘরে
ব্যবচ্ছেদে পেয়েছি তোমার, কিছু ভালো লাগা,
আর কোনটা চাও না তুমি ,আবার দেখা হলে পরে...
তোমাকে রেখেছি স্মৃতির লাশকাটা ঘরে,
কোথা থেকে শুরু করি, কোথায় বা শেষ!
স্মৃতির রোমন্থনেও শিখিনি বিশেষ!
তবু তুমি অক্ষত, ক্ষতি হলো যার...
লাশকাটা ঘরে, তাকে যেতে হবে বারেবার।
সময় অতীত থেকে ব্যাথা চুরি করে,
তোমাকে দেখেছি স্মৃতির লাশকাটা ঘরে।।

15. শ্মশান

জেগে আছি ...
ছুঁয়ে আছি তাকে,
এখানে অজানা অচেনা লোক,
বসে আছি...
হাতে অনেক সময় বেঁচে,
লাইন রাস্তা পেরিয়ে গেছে,
সাথে বেওয়ারিশ শোক!
খেয়ে আছি...
শৈশবের ইচ্ছেগুলো... সাজিয়ে রাখা আগামীকাল বর্তমানেই
ভোগ।
চেয়ে আছি...
একপা করে এগোয় লাইন, পচাগলা কষ্টগুলোর...
শেষকৃত্য হোক।।

16. ভয়

ঘরটা খুব বড় নয়,
সরঞ্জামও কম।
ভীষণ ভাবে আগলে রাখা সব
বাঁচতে গেলে যা লাগে, সংবেদনশীল অনুভব!
রাতেই শুধু বসবাস, আর দিনের বেলায় তালা,
চাঁদের আলোয় পোড়ে, আর ঝড়ের রাতে ভাসে
পা টিপে কেউ, সময় পেলেই আসে...
যেটুকু আছে, ছিনিয়ে নিতে চায়
নকল চাবির আরেক মালিক,
ভালো থাকার ভীষণ অন্তরায়।।

17. দোষ

মনটা ভাল নেই!
কেন?
মন বলে নি তো একবারো!
প্রশ্নটা তো ঠিক,
তার কারণটা ও
জানতে ইচ্ছে করে...
ভালো করেই গুছিয়ে রাখি, তাহলে কে?
এলোমেলো করে?
এবার থেকে...
রাতে পাহারা দেবো,
মনকে রেখে অন্য কোথাও, স্বপ্নে হারিয়ে যাবো।
সেই কি তবে দোষী?
চুরির ভয়ে মনটাকে যার
ছায়ায় রেখে আসি...

১৪. বাবলু সাঁপুই

সকাল নটা বেজে তেরো, বিরাটি থেকে বাবুঘাট
তুই বসলি না একবারও,
তোর সাথে রোজ সকালে স্কুলের সময় বাস টা পেলে,
পিঠে দশ কিলোর ওজন... তোকে চেনে, ওদের কজন
ইচ্ছে হলে, তোর সাথে হাসি বিনিময়
কিরে লিটল বয়?
বলিস না তো কাকু!
স্টপেজ এলে একটু বেঁধে দিও!
তাই বুঝি তোর বাসে ওঠার দরজাটা খুব প্রিয়!
কেমন করে তুই মনে রাখিস? শুরু থেকে শেষ...
বুঝতে পারি, তুই লেখাপড়ায় বেশ।
স্কুলের সময় বাসে দেখি,
কিন্তু তোর স্কুলের বোঝা কই?
কোথায় যে তুই হারিয়ে এলি মাও ছিল না ঘরে...
ঘুম থেকে জাগিয়ে যখন নিয়মমাফিক মাকে পাওয়া পরের
রান্নাঘরে।
তোর স্কুলের ড্রেস কই? কয়েক হাজার প্রশ্ন দুচোখে, তোকে
ভয় পাই....
দেখি আড়চোখে,
কোনদিন যদি প্রশ্ন করিস? পালিয়ে বাঁচি তাই।
তোর কাছে রোজ হেরে যাই বোধের ঘরে শূন্য বোঝাই
হয়তো বুঝিস তুই...

নিরলিপ্ত তোর দুচোখে,
খেটে খাওয়ার সংজ্ঞা আঁকে, হেল্পার হাত বাড়িয়ে ডাকে...
বাবলু সাঁপুই।।

নিরলিপ্ত তোর দুচোখে,
খেটে থাওয়ার সংজ্ঞা আঁকে, হেল্পার হাত বাড়িয়ে ডাকে...
বাবলু সাঁপুই।।

19. গ্যালোপিঙ

গ্যালোপিঙ

এখন থেকে আমার ঘরে ফেরা টা, বড্ড একা

ট্রেনটা আজকাল বড় তাড়াতাড়ি চলে যায়...

তুই থাকাকালীন রোজ দেরি করতো,

যে ঘড়িটা সময় বলে দিত, তোর সাথে দেখা করবার জন্য

সেটাও বেশ কিছুদিন হল বন্ধ হয়ে গেছে,

সেই স্টেশনে এখন ক্লাইওভার হয়ে গেছে।

ভয় নেই আর লাইন পারাপারের...

মাঝে মাঝে দাঁড়িয়ে থাকা ক্লাইওভার এ গিয়ে

স্টেশনে বসবার যে জায়গা টা ছিল

সেটা আজ ভীষণ অন্ধকারে আলো টা বোধহয় কেটে গেছে

কাটা একটা ঘুড়িও আছে ল্যাম্পপোস্ট টা কে ঘিরে

সকালবেলায় হারায় যে টা দৈনিকতার ভিড়ে।

তুই কি আর উঠিস না ট্রেনে? আমাদের চিনতো অনেকে...

আজও আমায় চেনে।

তোর খোঁজ করলে বলি– তুই অসুস্থ!

তাই অসময়ের লোকালে আমার পাশের সিটটা ফাঁকা।

হয়তো এখন তুই বাসে যাতায়াত করিস,

সত্যিই মাঝে মাঝে খুব একঘেয়ে লাগে

এই নিরেট লোহার চাকা!

আমার ভিতরে অতীত বইছে মোহনা নেই, নেই কোন

টার্মিনাল স্টেশন,

আমি এখন লোকাল টা কে ছেড়ে, গেলোপিঙ ধরে,
চেনা স্টেশন গুলো ভুলে যেতে চাই।
আরও একটা ল্যাম্পপোস্টের খোঁজে,
যার আলোটা কাটেনি আর,
কোনও কেটে যাওয়া ঘুড়ি যাকে আঁকড়ে বাঁচেনা।।

আমি এখন লোকাল টা কে ছেড়ে, গেলোপিঙ ধরে,
চেনা স্টেশন গুলো ভুলে যেতে চাই।
আরও একটা ল্যাম্পপোস্টের খোঁজে,
যার আলোটা কাটেনি আর,
কোনও কেটে যাওয়া ঘুড়ি যাকে আঁকড়ে বাঁচেনা।।

২০. ভিজতে ভয় করে

শুনতে পাচ্ছো?
আকাশ কাঁদছে,
মেঘেদের চোখে জল...
ভিজছে শহর, শহরতলী, ভিজছে মফস্বল
স্মৃতির সাথে পাল্লা দিচ্ছে,
বৃষ্টি জলের ফোঁটা...
আমার সাথে ভিজছে আজকে
অভিমানী কলকাতা!
থাক্ না ছাতার ছাদ,
ভিজিয়ে দে তোর মন,
এত কিছুর পরেও...
ভেজার ইচ্ছে হয় যখন,
এখন আমার ভিজতে ভয় করে,
আগে শরীর খারাপ হতো...
এখন মনটা খারাপ করে।
দেখ, টানা হচ্ছে বৃষ্টি, রাস্তাজুড়ে জল,
অলীক চাওয়ায় যাচ্ছে ভেসে,তোর চেনা অঞ্চল।
সেই কবে, সেই তোর বাড়িতে ফেলে এসেছি ছাতা
ছাতা বিহীন অভিমানে,
টানা ভিজে যায় কলকাতা।
যা না, একবার ছাদে
আজ ভেজ না কিছুক্ষণ...

এতকিছুর পরেও শহর ভিজতে যায় যখন,
সত্যি, আমার ভিজতে ভয় করে,
আগে মনটা খারাপ হতো, এখন একলা গুমড়ে মরে।।

21. ইতিহাস

সভ্যতার ইতিহাসে কোথাও...
আগামীর সাহিত্য সাবালক হয়,
বর্তমানের উঠোনে এখনো সৃষ্টির শিশু
খেলা করে উলঙ্গ হয়ে,
পরিণতির আশঙ্কায় আজও স্বাধীন ভাবনার পরাজয়...
ভাড়ার ঘর নোংরা করে দানবিক অপচয়।
ইতিহাস, তাঁর জীর্ণ পাতায় গ্রন্থ-কীটের দল।
অক্ষর গুলো শুষে নিয়ে যায় ভবিষ্যতের ঘরে,
আগামীকে চেয়ে বেঁচে থাকা শুধু, মৃত্যুর ফলাফল,
একমুঠো ছাই, দেহের স্মৃতি রেখে যাই
ইতিহাসের পরে।
শেওলা ধরানো বিষয়ের ভিড়ে
স্যাঁতস্যাঁতে সব সত্যি,
সত্যির নিচে চাপা পড়ে শত ভয়াবহ কঙ্কাল,
আগামী ঘড়িতে, ইতিহাস হবে,
বেঁচে থাকা দিনরাত্রি।
শতাব্দীর ডাস্টবিন জুড়ে সভ্য নামের জঞ্জাল।।

22. নেশা

আমার আমি'র সাথে দেখা
একলা বা কোনও ভিড়ে...
না বলা কথারা সুযোগ পেয়েছে
মানসিক চিৎকারে,
লালসা শুধুই বন্যা চাইছে
চেষ্টা মেটাতে জল,
নোনতা স্বাদের যত অভিযোগ
ভিতরের কোলাহল...
মুখের দরজা বন্ধ ভিতর থেকে
দুটো চোখ খোলা রেখে, বোঝা কি যায়?
টলোমলো কেন লক্ষ্য আমার
লক্ষ্যে দাঁড়িয়ে থেকে!
কেউ বোঝে না তাই... নিজেকে বুঝতে হয়,
ইচ্ছে ডানা মেলতেই পারে...
ভিড়ের থেকে পালিয়ে যেতে পাত্রে ঢালতে হয়।।

23. চুরি

দিন ফুরালে আজকে আবার
তোমার পাড়ায় যাবো...
তোমায় ভেবে কষ্ট কেন?
নিজেকে ভাবাবো,
তোমার পাড়ার বাড়িগুলোর
সব জানালাই খোলা,
রাস্তায় কে খুঁজলো কাকে?
কেউ উঁকি দিয়ে দেখল না!
গলির শেষে, গলির শুরু
কোথায় তোমার ঘর?
মনের মালিক বুদ্ধি খোঁজে...
চুরি যাওয়ার পর।।

24. কৌতুহল

জানিনা, জানতে চাইনা, জানবার দরকার নেই,
জেনে কি লাভ?
বিশ্রী স্বভাব, প্রশ্ন জড়ো হয়...
সময় নষ্ট, বুঝেছি স্পষ্ট
বলে গেছে তিন কাটা।
নিরব থেকে কিছুটা সময়,
সেই পুরনো পথেই হাটা
বিলিয়ে দিয়েছি পথে,
অলীক মনোরথে,
একটাই ভয়, বিষয়টা যার তার কানে যেন না যায়,
ভুলেও যদি শুনতে পেত,
দুই গালেতে চড় কষাতো,
মাথা নামিয়ে ফিরতো ঘরে প্রশ্নের জবাব।।

25. এইভাবে

ব্যর্থতা বয়সের ভারে পার্কে বসে বিশ্রাম নেয়,
বাহ্যিকতা লজ্জা মরচে ধরার নির্লজ্জের মতো।
মনের আতিথেয়তা প্রিয় বিষয় এর নির্মমতায়,
চিরশান্তির দায় কাঁধে নিয়ে এগিয়ে আসে ক্ষত।।
বিষের হওয়ায় অসহায় নীলে আকাশের সংসার,
মাটির বুকে সময় খেলছে, এক্কাদোক্কা খেলা।
মহাসমারোহে সুখের স্বপ্ন হয়ে গেছে ছারখার,
জন্ম থেকেই ক্ষুধার্ত চোখ চেয়ে আছে নির্জলা।
উদাসী ভাঙনে মাংস প্রাটীরে রক্তলোলুপ কিট,
যুগের ঘুণে অন্তর দেহে সমাপ্তি শোনা যায়।
মৃত্যুর ঘড়ি অসময় মেপেএগিয়ে যাচ্ছে ঠিক,
মহাকাল আছে সিঁড়ির ধাপের শেষের সীমানায়।
অহরহকাল দেহজঞ্জাল পড়ে আঁস্তাকুড়ের পাশে,
মানসিকতার টুকরো ছড়ানো শূন্য পথের ধারে।
মনের পণ্য ছিনিয়ে নিতে মাঝে মাঝে কেউ আসে,
বিনা বাধায় দিয়ে দিই সব ব্যথার অহংকারে
পরিচিত যত জীবনের মতো ছুটে চলে অবিরাম,
বিশ্রাম বসে ভাবে একপাশে কবে হবে শুরু হওয়া?
কালের নিরিখে জন্মতারিখে মৃত্যুর আছে নাম,
তাই আজীবন বোকার মতন মৃত্যুকে ভয় পাওয়া।
তীব্র বিষ এর ছোট কার্নিশে বসে আছে কাল পেঁচা,
মানসিক আলোয় খোঁজা সুখের পাথরটাকে।

সুদিনের খোঁজে বছর বছর এগিয়ে চলেছে বাচা,
ক্লান্ত শরীর চাইছে জড়াতে সুখের চাদরটাকে।।

26. আশঙ্কা

আমি যখন বাড়িয়ে দেব, গুটিয়ে নেবে হাত,
ভালোবাসা চাইলে, না বলতেই নির্ঘাত!
বলার কথা অনেক বাকি, সময় দিলে কই?
প্রেমের গাছে উঠিয়ে,
যদি কেড়ে নিতে মই!
স্বপ্ন কতো তোমায় ঘিরে, বলা হলো না...
পেটেই তারা গুমড়ে মরে... মুখে এলো না।
তুমি ছিলে অন্য কারোর, ভাবনা এমন সাত সতেরো,
মোদ্দাকথা, বলতে তোমায় সাহস হল না।
পাওয়ার আগেই গেলাম হেরে আশঙ্কাটাই আসছে ঘুরে,
বর্ষার মেঘ আকাশ জুড়েও, বৃষ্টি হলো না।।

27. ডায়ালিসিস

সূর্যের বাড়িতে কারেন্ট অফ, খিদে বসে, প্লেটের বেঞ্চে
এককোণে,
চায়ের সাথে মুড়ি, বাড়তি, গরম চপ!
স্কুল কতদূর?
বাড়ি থেকে হাতেগোনা পথ, মেঘ জমেছে, নতুন ক্লাসের
ব্ল্যাকবোর্ডে
ডাস্টার যদি জোর করে আজ, খুব বিপদ!
বিছানো চাদর ভাঁজ করা থাক একপাশে,
রাতে ঘড়ি হাতরে যাওয়া, অংক নয়...
চায়ের কাপে পিঁপড়ে ঘোরে ক্লান্তিতে, অবশিষ্ট যা জোটে।
জোটে শামিল, অসংখ্য ভিড়।
হাসপাতালে লাইন, বারোটায় ডায়ালিসিস...দুরারোগ।।

24. রোজনামচা

বিনামূল্যে আমার সাথে তার বসবাস,

যখন-তখন ইচ্ছে-খুশি, ভাবনায় দেয় ফেলে,

ভ্যাপসা দিনে, ঘামে ভেজে অর্জিত অবকাশ,

দৈনিকতার অভ্যাস,

ভালো লাগতে নিভিয়ে দিলে। ইতিহাসের বইয়ের মতো,

পাশেতে সরিয়ে রাখি

খুব দরকারে সন্ধ্যাবেলায় চোখ বুলিয়ে নেওয়া,

পরীক্ষা হলে, পাশের খাতা চোরের মতন দেখি

পড়ে পাওয়া চৌদ্দ আনা, হয়ে গেছে গা- সওয়া।।

রাতের টিভি, পুরোনো ছবি, চ্যানেল বদলে বদলে ভোর

আজান ভাসে, পুবের ঘড়ি, নিয়মে সচল হলে...

আয়ুর সাথে এক বিছানায় গভীর হচ্ছে ঘোর,

শেখা অভ্যেসে, শরীর ভিড়েছে, রোজনামচার দলে।।

29. দ্বিগুণ

এক লিকারের ভাড়, চায়ের দোকান....
সূর্য ডুবেছে তার উনুনে, এক কোণে
দু এক চুমুকে সারাদিনের অভিমান...
ক্যাশ বাক্সের সাপেক্ষে খরিদার গোনে।
ঝাপটা খোলা দেখে নিরুপায় চোখ
মরে যাওয়া বিকেলের ধোঁয়া ওঠা
কোণে
যেমন তেমন ভাবে এককাপ হোক,
ভিখিরির প্রার্থনা কোন দোকানিটা শোনে?
ভিক্ষার টাকা, তার মূল্যটা কম... দোকানের ও বদনাম
হাজার রকম,
আশেপাশে ফাঁকা দেখে দামটা দ্বিগুণ,
অন্ধ বৃদ্ধা, হাতরে চায়ের পয়সাটা গোনে।।

৩০. পাশে

। ।

হারাতে দেব না আর
রাখব চোখে ধরে,
চাইলেও কি হারানো সহজ?
দেখেছি চেষ্টা করে!
চাওয়া দেখা করতে যাবে, আর পাওয়া,
যখন কয়েদখানায় বন্দি,
উজার করা বাঁচার রসদ একটু ভেবে দেখার সঙ্গী।
তবুও, দেখা হবেই নিয়ম করে
পাওয়া টাও পাবে ছাড়া,
একশো- টা পা এগুলো দেবে
তলার মাটি সাড়া।
পরখ করার দরকার কি? সময় পাশে থাক্।
আবেগ যখন উপহার হয়... কষ্ট টা হতবাক্।। ।

31. সুখ

অনেকদিন তোর সাথে দেখা নেই
কষ্ট মিছিলে আর কেউ একা নেই,
সুখ! তুই সুখে আছিস তো?
শীতল ছাউনি ভেঙে দিল ঝড়ে,
সন্তান যার, লাশকাটা ঘরে সুখ!
তুই ছেলেহারা মায়ের ফাঁকা হয়ে যাওয়া
বুকেতে আছিস তো!
ক্ষুধিত জঠরে রসদ এর খোঁজ
আজ প্রতিবাদে সামর্থ্য নিখোঁজ,
সুখ! তুই সেই বিরোধী মিছিলে
খালি পেট নিয়ে হাতটা পাতিস তো!
লালসা লোলুপ হায়নার দল লুটেছে সবুজ, লুঠলো ফসল
সুখ! তুই সেই নিঃস্ব গ্রাম এর বিষে ভরে যাওয়া,
বাতাসে আছিস তো!
ঘর ছেড়ে যারা বহু ক্রোশ দূরে
বাতিল হয়েছে, শরণার্থী শিবিরে,
সুখ! তুই সেই সর্বহারার বহু অস্থায়ী
তাঁবুতে আছিস তো!
যখন জোছনা রাতে ধরানো আগুন
ঘুমেতে যাদের হলো শেষ ঘুম,
সুখ! তুই সেই শ্মশানমিছিলে চোখে জল নিয়ে
বিলাপ করিস তো!

বাবা মা হারানো ছোট শিশু কোনো
নিরাপদ কোল খুঁজছে এখনো...
সুখ! তুই সেই নিঃস্ব চোখের বিশ্বভরা
প্রশ্নে আছিস তো!
চারিদিকে শুধু রক্তের লাল
ঝোড়ো সময় উড়িয়েছে চাল...
সুখ! তুই সে ঘরের দেওয়াল রাঙানো
রক্তে আছিস তো!
সারারাত জুরে প্রলয়ের হাসি
নতুন সূর্য, সুদূর প্রবাসী...
সুখ! তুই নিশুতি রাতের যন্ত্রনাতে
লুকিয়ে কাঁদিস তো!
বহুদিন আর হয়নি দেখা ছেলেবেলার পরে,
বলছে সবাই, সুখ বন্দী নাকি বড়লোকি অন্দরে...
কেমন আছিস? কোথায় আছিস?
জানতে চায় এ মন,
সুখ! তুই সুখে আছিস তো! জানার ইচ্ছে হয় ভীষণ।।

32. চেষ্টা

তুই যখন চাইলি আগুন
এই চোখের কোনে জল,
বর্ষা যখন এই মনটা জুড়ে, ফাগুন কোথায় বল!
নীল আকাশে অচিন পাখি , অনেক দূরে যাওয়া,
আকাশ জুড়ে মেঘের কালো , বৃষ্টি হতে চাওয়া।
অনেক কিছুই পাওয়ার ছিল, দিলাম কোথায় বল!
শুরুর আগেই পেয়েছিলাম শেষের ফলাফল!
তোর ভুল বোঝা মন চাইছে আমায়, অনেক ব্যথার পরে...
চোখের পাতা ভিজছে আবার আমায় মনে করে!
কথায় কথায় অনেক কথা , মনটা পেলি কই?
অনুরোধ টা রইল তবু...
চেষ্টা করিস অবশ্যই।।

৩৩. শেখা

কষ্ট,তুমি জানতে চেওনা,
হওয়া- টা, হল না কেন!
অসময়ে যদি পাশে চাও কাঁধ,
আসেনি তো একজন ও!
কষ্ট তুমি বুঝতে পারোনি, বোঝার হয়নি শেষ...
স্বস্তি শুধুই শব্দ একটা, সালোকের সংশ্লেষ!
কষ্ট তুমি স্পষ্ট হয়োনা, ছাতার আড়ালে চলো...
হাসির হাওয়ায় আড্ডা জমাও, বৃষ্টিতে কাঁদি চলো!
কষ্ট তুমি কষ্ট পেওনা, শিক্ষিত হতে শেখো...
সমাজ নামের চার দেওয়ালে সামাজিক হয়ে থেকো।।

৩৪. পাশে

হারাতে দেব না আর
রাখব চোখে ধরে,
চাইলেও কি হারানো সহজ? দেখেছি চেষ্টা করে!
চাওয়া দেখা করতে যাবে, আর
পাওয়া, যখন কয়েদখানায় বন্দি,
উজার করা বাঁচার রসদ, একটু ভেবে দেখার সঙ্গী।
তবুও, দেখা হবেই নিয়ম করে,
পাওয়া টাও পাবে ছাড়া,
একশো- টা পা এগোলে দেবে,
তলার মাটি সাড়া।
পরখ করার দরকার কি? সময় পাশে থাক্।
আবেগ যখন উপহার হয়... কষ্ট টা হতবাক্।।

35. স্বীকারোক্তি

কবিতা,
সবাই বলে...
আমি নাকি তোকে শুধুই দুঃখ দিই!
যখন তোর চোখে জল দেখি...
পড়ন্ত বিকেলে যখন তুই জানালার ধারে বসে,
পাখিদের ঘরে ফেরা দেখিস, তখন আমার হাতটাও চায়
তোর, সুখের কথা লিখি..
আমি তোর ঘরের সমস্ত আসবাব,
আগোছালো করেছি বহুবার.. উঠেছে অনেক প্রশ্ন...
কবিতা! তোর এত নিরাশা!
অজান্তে তখন আমার হাত ধরে,
আমায় তুই, করেছিলি একটাই প্রশ্ন...
"আয়নার সামনে কি ছলনা চলে?"

সমাপ্ত

www.ingramcontent.com/pod-product-compliance
Lightning Source LLC
Chambersburg PA
CBHW022117150726
47990CB00003B/1391